ANDREW JACKSON,
LE LION D'AMÉRIQUE

—— Un homme ordinaire
à la tête des États-Unis

par Eloi Piet

50MINUTES

ANDREW JACKSON

- **Naissance ?** Le 15 mars 1767 à Waxhaw (Caroline du Sud).
- **Mort ?** Le 8 juin 1845 à Nashville (Tennessee).
- **Parti politique ?** Parti démocrate.
- **Dates des élections ?** Le 3 décembre 1828 et le 5 décembre 1832.
- **Durée du mandat ?** Huit ans, de 1829 à 1837.
- **Apports importants ?**
  - Opposition au sécessionnisme de la Caroline du Sud.
  - Remboursement de la dette fédérale.
  - Renforcement des pouvoirs présidentiels.
  - Fermeture de la première banque fédérale.
  - Expulsion des Indiens à l'ouest du Mississippi.
  - Ouverture des emplois publics au petit peuple.
  - Affirmation de la puissance des États-Unis sur la scène internationale.

> « Le général Jackson, que les Américains ont choisi deux fois pour le placer à leur tête, est un homme d'un caractère violent et d'une capacité moyenne : rien dans tout le cours de sa carrière n'avait jamais prouvé qu'il eût les qualités requises pour gouverner un peuple libre. [...] Qui l'a donc placé sur le siège du Président et l'y maintient encore ? » (TOCQUEVILLE (Alexis de), *De la démocratie en Amérique*, Paris, Michel Lévy frères, 1864, p. 190)

Voilà le jugement sévère que porte l'historien Alexis de Tocqueville (1805-1859) sur Andrew Jackson dans le deuxième tome de son ouvrage *De la démocratie en Amérique*, paru en 1840. À tort ou à raison ?

Il est vrai que rien ne destinait ce politicien colérique à devenir président. Né dans un milieu modeste, il n'avait pas le pedigree socioculturel des bonnes familles de la côte Est dont étaient issus ses prédécesseurs. Pourtant, le peuple américain l'élira à deux reprises. Tocqueville explique le succès de Jackson par sa glorieuse défense de la Nouvelle-Orléans contre les Britanniques en 1815. Mais en réalité, sa grande popularité ne s'est bâtie ni en un jour ni dans un seul domaine, et il n'était certainement pas dénué de qualités. Véritable *self-made-man*, juriste compétent, général autodidacte et politicien talentueux, le septième président des États-Unis a renforcé les pouvoirs liés à sa fonction, fait respecter la jeune République à l'étranger et étouffé les velléités sécessionnistes en son sein. Jackson incarne ainsi une société en pleine mutation, si bien que de nombreux historiens parlent d'une ère jacksonienne pour désigner sa présidence.

Surnommé le Lion d'Amérique par les Britanniques, il doit essentiellement sa renommée à sa volonté de démocratiser la vie politique de son pays, qui a fait de lui l'un des présidents les plus populaires des États-Unis.

BIOGRAPHIE

SOLDAT À 13 ANS, ORPHELIN À 14

Irlandais d'origine écossaise, les parents d'Andrew Jackson s'installent en Caroline du Sud en 1765. Troisième fils de la famille, Andrew voit le jour en 1767, peu après la mort de son père. Devenue veuve, sa mère, Elizabeth, emménage chez sa sœur et inscrit ses fils dans des écoles presbytériennes.

C'est pourtant à une tout autre école que Jackson forge sa personnalité : celle de la guerre. Il a neuf ans quand un important conflit éclate entre la métropole britannique et ses treize colonies d'Amérique. Il s'agit de la guerre de l'Indépendance américaine, qui durera de 1775 à 1783. Tenus en échec en Nouvelle-Angleterre, les Britanniques tentent de conserver leurs colonies du Sud. Mais c'est sans compter les patriotes locaux, qui battent les tuniques rouges à Hanging Rock le 1er août 1780. Estafette côté américain, Andrew est de la bataille. Il est capturé avec son frère Robert un an plus tard. Refusant de nettoyer les bottes d'un officier britannique, il reçoit des coups d'épée au visage et aux mains qui lui laisseront à jamais des cicatrices, preuves indéniables de son courage et de son patriotisme.

Lithographie représentant Andrew Jackson qui reçoit des coups d'épée portés par un officier britannique.

Si sa mère réussit à les faire libérer, il est malheureusement trop tard : tombé gravement malade lors de sa captivité, Robert meurt peu après son retour. Six mois plus tard, Elizabeth contracte le choléra dans le port de Charleston et y succombe rapidement. À 14 ans, Andrew se retrouve donc orphelin. De cette triste enfance, il conserve une fidélité sans faille aux pionniers de la *Frontier*, une foi inébranlable en l'égalitarisme, un sens aigu de l'honneur, un patriotisme à toute épreuve, ainsi qu'une haine profonde envers les Britanniques.

LA *FRONTIER*

Dans la culture nord-américaine, la *Frontier* désigne la bande d'espace conquis, défriché et mis en valeur par les colons. Dès lors que la colonisation de cet espace est aboutie et qu'il n'y a plus de terres à défricher, les colons sans terre sont contraints de partir tenter leur chance plus à l'ouest : la *Frontier* est donc mouvante. Ainsi, du début du XVIIe à la fin du XIXe siècle, elle se déplace

JACKSON AU SÉNAT : UN SCÉNARIO IMPROBABLE

Une fois l'indépendance américaine reconnue par le traité de Paris en 1783, Jackson s'installe à Salisbury, en Caroline du Nord, pour y faire son droit. Malgré un tempérament sulfureux, il est diplômé fin 1787. Il décide alors de rejoindre les pionniers qui affluent au Tennessee. Devenu procureur à Jonesbourough, une ville située à l'est de ce territoire, il ne s'y attarde pourtant guère. Toujours attiré par l'aventure, il s'installe en octobre 1788 à Nashville, plus à l'ouest. Cumulant les fonctions d'avocat et de procureur de la bourgade, il loge chez la veuve Danelson. Sa fille Rachel (1767-1828), séparée de son mari, ne laisse pas Jackson indifférent. Avant même son divorce, qu'elle obtiendra en 1793, Rachel et Andrew vivent ensemble. Une telle situation ne manque évidemment pas de heurter la puritaine ville de Nashville. Une fois le mariage célébré, en 1794, le couple adopte un garçon qu'il nomme Andrew Jackson Jr.

Cette union ouvre au futur président les portes de la bonne société du Tennessee. Ayant dépassé les 60 000 habitants, ce territoire a la possibilité de demander son adhésion à l'Union en tant qu'État et de promulguer une constitution. Une Assemblée constituante est dès lors formée et Andrew Jackson y est élu délégué le 19 décembre 1795. Suite à la signature de la Constitution, en juin 1796, il est désigné comme représentant du Tennessee au Congrès. Mais son ascension ne s'arrête pas là : le jeune homme est élu au Sénat dès l'année suivante. Toutefois, mal à l'aise dans cette assemblée où l'on ne trouve que des fils de la haute société, il démissionne en 1798 et retourne dans le Tennessee. Il y exerce six années durant la charge de juge de la Cour suprême de l'État. En 1804, il achète la propriété de l'Hermitage à Nashville, mais d'anciennes spéculations manquent de peu de l'envoyer en prison. Il en gardera toute sa vie une aversion pour l'endettement.

Il commerce avec la Louisiane en 1802, achetée à la France en 1803, et est élu major général (commandant en chef) de la milice du Tennessee la même année. Querelleur, Jackson cumule les duels et les blessures : en 1806, il reçoit une balle qui restera toute sa vie fichée près de son cœur et, en 1813, une autre à l'épaule, qui sera enlevée pendant sa présidence. Sa réputation d'homme à la peau dure s'en voit renforcée.

LES SENTIERS DE LA GLOIRE ET DE LA PRÉSIDENCE

Lorsqu'une nouvelle guerre éclate entre le Royaume-Uni et la jeune nation américaine en 1812, Jackson est chargé de défendre la frontière sud du Tennessee menacé par les Creeks, les alliés des Anglais. Il remporte une victoire écrasante et leur impose un traité de paix aux termes très sévères, ce qui lui vaut le surnom d'*Old Hickory* (« vieux noyer », arbre réputé pour la solidité de son bois). Promu général, à la tête d'une troupe hétéroclite de miliciens, d'Indiens et de pirates, il se rend à la Nouvelle-Orléans, menacée quant à elle par des vétérans britanniques des guerres napoléoniennes qu'il décime le 8 janvier 1815.

Tableau représentant Andrew Jackson à la tête de troupes durant la bataille de la Nouvelle-Orléans.

Grisé par sa popularité grandissante, le général attaque le 15 mars 1818 la Floride espagnole. Vivement critiqué pour cette initiative, il trouve un soutien inattendu auprès du secrétaire d'État et ministre des Affaires étrangères John Quincy Adams (1767-1848). Ce dernier obtient cinq millions de dollars pour acheter la Floride, dont Jackson devient gouverneur. Mais il n'occupe ce nouveau poste que cinq mois à peine, car d'autres horizons s'ouvrent à lui : Washington et la présidence.

Très apprécié des Américains et n'étant originaire ni du Nord-Est ni du Sud des États-Unis, Jackson est un candidat idéal pour le Parti démocrate-républicain. En 1825, il obtient un grand nombre de voix, mais pas suffisamment pour être élu d'emblée. L'issue du scrutin est donc portée devant la Chambre des représentants. Henry Clay (1777-1852), un autre candidat démocrate-républicain, donne pour consigne à ses partisans de voter pour John Quincy Adams qui, une fois élu président, fait de lui son secrétaire d'État. Déçu, Jackson repart pour Nashville. L'arrangement dont il est victime fait de lui un martyr dans l'opinion publique. Ses partisans refondent alors le Parti démocrate-républicain, qui devient le Parti démocrate, et mettent en place une véritable machine de guerre électorale. De son côté, le président Adams mécontente le Sud, notamment après avoir refusé d'y déposséder les Amérindiens de leurs terres – un pas que Jackson n'aura guère de scrupule à franchir par la suite. Finalement, ce dernier est élu triomphalement septième président des États-Unis d'Amérique en 1828.

L'investiture d'Andrew Jackson, tableau d'Allyn Cox, 1829.

CONTEXTE POLITIQUE, SOCIAL ET ÉCONOMIQUE

LA LUTTE POUR L'INDÉPENDANCE

L'interprétation de la guerre de l'Indépendance américaine continue de faire débat chez les historiens : héroïque combat mené par les colons contre la tyrannie britannique, simple révolte fiscale ou mouvement social et politique préfigurant la Révolution française (1789) ? Si les taxes levées en Amérique du Nord par Londres sont mal vécues, c'est la grande fermeté dont la métropole fait preuve à l'égard du Massachusetts, révolté dès 1775, qui fait basculer la majorité des colons dans le parti de l'indépendance. Celle-ci, proclamée à Philadelphie le 4 juillet 1776 par les délégués des treize colonies au Congrès continental, entraîne une réaction immédiate de la Grande-Bretagne, qui envoie sa flotte et ses troupes en Amérique. En octobre 1777, la France, jusque-là attentiste, s'engage en faveur de la révolution américaine et permet à la jeune nation de finalement l'emporter, au terme de la bataille de Yorktown, le 19 octobre 1781. Pour l'Empire britannique, c'est la défaite de trop. Demandées par Londres, les négociations de paix aboutissent à l'indépendance des États-Unis deux ans plus tard, le 3 septembre 1783.

En juin 1812, un nouveau conflit éclate cependant entre les États-Unis et le Royaume-Uni, présent au Canada. Déclenchée par les Américains dans l'espoir d'une victoire rapide, cette guerre, surnommée la seconde guerre de l'Indépendance, dure deux ans et demi. Mais pourquoi les États-Unis défient-ils leur ancienne métropole, 30 ans à peine après lui avoir arraché leur indépendance ? Souvent avancé comme principal argument, le désir de certains politiciens américains de s'emparer du Canada est bien réel, mais il ne suffit pourtant pas à justifier l'entrée en guerre des Américains. Autre motif évoqué, la prise abusive des marchandises de navires américains suspectés de commercer avec la France par la Royal Navy et l'enrôlement forcé de leurs marins dans la guerre opposant la couronne britannique à Napoléon Ier (1769-1821). À cela s'ajoutent la peur qu'éprouvent les Américains de voir les Britanniques aider, depuis le Canada, les tribus indiennes de l'Ouest, l'attribution des malheurs des fermiers américains au blocus britannique de l'Europe et la proximité diplomatique du président américain James Madison (1751-1836) avec l'empereur français, trop marquée au goût de Londres.

Alors que les frégates de l'*US Navy* s'illustrent par leur audace en mer, l'*US Army* piétine au Canada. Les Britanniques, pour faire baisser la pression sur ce territoire, réussissent un débarquement sur la côte Est des États-Unis, incendient Washington et bombardent Baltimore, dont la défense inspirera à l'avocat Francis Scott Key (1779-1843) le poème à l'origine de l'hymne américain (*Star-Spangled Banner*, « La Bannière étoilée »). Bloqués malgré tout au Nord-Est, les Anglais se résignent à la paix quand la défaite de Napoléon Ier en Europe leur permet de jeter de nouvelles troupes dans la bataille pour obtenir un traité favorable. Ils décident de se focaliser essentiellement sur la ville de la Nouvelle-Orléans, fondée par les Français et supposée facile à contrôler. Mais ils sont battus à plate couture par Andrew Jackson et ses 5 000 soldats le 8 janvier 1815. Cette victoire américaine les empêche de modifier en leur faveur les articles du traité de Gand, signé le 24 décembre 1814. Si la bataille de la Nouvelle-Orléans n'est donc pas la cause directe de la paix, elle évite toutefois que celle-ci tourne au désavantage des États-Unis.

La Bataille de la Nouvelle-Orléans, tableau d'Edward Percy Moran, 1910.

L'ÉMERGENCE D'UNE NOUVELLE SOCIÉTÉ

Lorsque la victoire est acquise, cinq millions d'Américains vivent dans des États ruraux dominés par des élites conservatrices. Quand Jackson est élu président près d'un demi-siècle plus tard, la fédération américaine est en train de changer de visage.

Au début du XIXe siècle, les États-Unis connaissent un véritable boom démographique. Entre 1800 et 1830, le peuple double pour atteindre près de 13 millions d'habitants. Cette hausse est due tant au fort taux d'accroissement naturel de la société américaine qu'à l'arrivée d'immigrants européens. Cette population jeune est à la recherche de terres, or celles-ci se font désormais rares dans les treize anciennes colonies qui composent alors le pays. De nombreux pionniers partent donc défricher d'autres terres à l'Ouest, permettant la création de nouveaux États : le Kentucky en 1792, l'Ohio en 1803 ou encore le Mississippi en 1817. Entre 1791 et 1837, ce sont ainsi 13 États supplémentaires qui voient le jour. En 1830, un Américain sur trois vit sur ces territoires.

Cet accroissement territorial s'accompagne d'une urbanisation et d'une industrialisation importantes. Les capitaux et les technologies venus du Royaume-Uni stimulent le développement des villes du centre de la côte Est et de la Nouvelle-Angleterre. Fragilisés par la mécanisation du travail, les petits artisans appauvris forment un prolétariat urbain en rapide croissance. L'Amérique des Pères de l'indépendance – agraire, culturellement très proche de l'Europe et gouvernée par une petite élite de grands propriétaires – n'est désormais plus qu'un souvenir.

La société qui émerge est jeune, dynamique et marquée par le refus des inégalités politiques. Les treize colonies de 1776 s'étaient dotées de constitutions censitaires, excluant du vote les femmes et les esclaves, mais aussi les hommes blancs pauvres. Les nouveaux États de l'Ouest accordent en revanche progressivement le droit de vote à tout homme âgé de plus de 21 ans : ainsi, le Tennessee d'Andrew Jackson instaure le suffrage universel masculin en 1796. Poussés par l'opinion publique, les États de l'Est suivent l'exemple de ceux de l'Ouest au cours des années 1820 et, vers 1840, 90 % des hommes américains libres votent. Cette aspiration à plus d'égalité et de démocratie stimule également un mouvement en faveur de l'abolition de l'esclavage et de l'égalité civique entre Noirs et Blancs, que revendiquent William Lloyd Garrison (1805-1879) et son journal *Liberator*. La culture du compromis des années 1810-1820, époque surnommée l'ère des bons sentiments, cède la place à une vie politique plus polémique et marquée par l'opposition de grands partis. Ce qui n'est pas pour déplaire à Jackson, candidat à l'élection présidentielle de 1828.

LES ENJEUX DE L'ÉLECTION DE 1828

Au début du XIXe siècle, deux partis s'imposent sur le devant de la scène politique américaine : d'un côté, les fédéralistes, menés par Alexander Hamilton (1755-1804), sont partisans d'un État fédéral fort et du suffrage censitaire ; de l'autre, les démocrates-républicains, dont le chef de file est Thomas Jefferson (1743-1826), militent pour le respect du droit des États, l'égalité des droits entre hommes blancs et une limitation des impôts. Tandis que les premiers sont les ancêtres des actuels républicains, les seconds sont quant à eux les futurs démocrates. Si cette opposition disparaît en même temps que le parti fédéraliste pendant l'ère des bons sentiments, elle renaît cependant dès la fin des années 1820, suite à l'implosion du Parti démocrate-républicain en 1825. Les partisans d'Andrew Jackson fondent alors le Parti démocrate, tandis qu'une minorité de démocrates-républicains qui lui sont hostiles se joignent aux anciens fédéralistes pour fonder le Parti national-républicain (ou Parti Whig). Cette opposition perdure jusqu'à la fin des années 1850, époque à laquelle le Parti national-républicain est dépassé par un nouveau parti favorable à l'abolition de l'esclavage et aux petits colons de l'Ouest : le Parti républicain, dirigé par un certain Abraham Lincoln (1809-1865).

Le Parti démocrate est taillé pour Jackson, dont il reprend d'ailleurs les idées phares : défense des droits des États et du peuple, limitation des dépenses fédérales et maintien de l'Union. Ses opposants, les membres du Parti national-républicain, dont le candidat à l'élection présidentielle n'est autre que John Quincy Adams, sont quant à eux partisans d'un renforcement du pouvoir fédéral et de la dépense publique.

L'élection qui a lieu en 1828 est marquée par une nette augmentation du nombre d'électeurs votants : 1 115 000 contre seulement 350 000 en 1824. Le taux de participation atteint un niveau jamais observé jusque-là : 57,6 % des électeurs se rendent aux urnes. La généralisation du suffrage universel masculin blanc joue sans aucun doute en faveur de Jackson. Mais il ne s'agit pas là de son seul atout puisqu'il apparaît comme un véritable héros national, contrairement à Adams qui est étiqueté malgré lui comme le candidat de la Nouvelle-Angleterre. L'élection est cependant loin d'être une promenade de santé pour Jackson. Ses opposants ne lui épargnent rien, étalant au grand jour ses frasques, ses duels, les conditions troubles de son mariage ou encore son manque de bonnes manières. Finalement, l'appui de John Caldwell Calhoun (1782-1850), vice-président d'Adams et influent politicien de Caroline du Sud, fait définitivement pencher la balance en faveur de Jackson, en lui apportant de nombreuses voix du Sud. Ce dernier l'emporte avec 139 000 voix et 178 Grands Électeurs contre 647 000 voix et 95 Grands Électeurs pour Adams. Le jour de l'investiture de Jackson, le 4 mars 1829, 10 000 citoyens viennent l'ovationner à Washington. La foule entre même dans la Maison-Blanche, mais, heureusement, aucun débordement n'est observé.

LE SAVIEZ-VOUS ?

Actuellement, la vie politique américaine est toujours régie par les partis républicain et démocrate. Alors que le premier est socialement conservateur, économiquement libéral et favorable à une politique étrangère agressive, le second est plus ouvert sur les débats de société et – théoriquement – plus favorable aux populations défavorisées. Tous les présidents depuis l'élection du démocrate Franklin Pierce (1804-1869) en 1852 et l'essentiel des cadres de l'administration américaine se répartissent entre ces deux partis. C'est pourquoi on parle d'un système à deux partis ou de bipartisme.

Bien que les premières années de la présidence d'Andrew Jackson ne soient marquées par aucune crise majeure, il prend d'emblée des mesures qu'il juge essentielles : il nomme nombre de ses partisans dans l'administration, ouvre les emplois publics au plus grand nombre et restreint les grands travaux fédéraux pour limiter les dépenses de l'État. De manière plus générale, il lance une croisade contre l'endettement public, avec succès puisqu'en 1835 la dette du pays est totalement remboursée. Il s'agit d'ailleurs là de l'une de ses plus grandes fiertés. Son premier mandat s'achève donc sans trop de remous, jusqu'à ce que la Banque nationale essaie de le prendre de court.

LE BRAS DE FER AVEC LA BANQUE NATIONALE (1832-1836)

Acteur majeur de l'économie et de la politique américaine, la Banque nationale a été fondée en 1791, puis refondée en 1816. Cette institution reprend les grands traits du projet soumis en 1790 par Alexander Hamilton au Congrès : c'est une banque mi-publique, puisqu'elle est financée par l'État et en rachète la dette, et mi-privée, car les actions sont détenues majoritairement par de grands capitalistes. Soutenant les investisseurs et contrôlant l'émission monétaire, elle est censée réduire la dépendance des États-Unis vis-à-vis des capitaux britanniques et financer un développement autonome de l'industrie américaine. Andrew Jackson lui est farouchement hostile, une position de prime abord paradoxale de la part de ce chantre de l'indépendance américaine.

Les griefs de ce dernier à l'égard de la Banque nationale sont tout d'abord d'ordre économique. Le président lui reproche la fluctuation des taux, ainsi que le fait qu'elle soit financée par l'impôt des citoyens tout en ne bénéficiant qu'à une minorité d'actionnaires. Mais ses désapprobations sont aussi d'ordre politique. Protecteur des petits, il refuse de les laisser sous la dépendance d'une institution visant le monopole. Il redoute de voir le pouvoir fédéral utiliser la Banque nationale comme un outil de toute-puissance et s'agace de la fâcheuse tendance qu'ont les dirigeants de celle-ci à influencer le Gouvernement, notamment à l'approche des scrutins.

Or c'est précisément ce qu'il se passe peu avant l'élection de 1832, lorsque la direction de la Banque nationale demande au Congrès un renouvellement prématuré de la charte qui fixe les règles de fonc-tionnement de la banque en contrepartie de son autorisation légale. La charte antérieure n'arrivant à échéance qu'en 1836, il n'y a pourtant pas urgence. Mais le but de la manœuvre est de forcer la main au président, candidat à sa réélection, sur un sujet qui divise le camp démocrate. Cette audace est tout à fait contre-productive car Jackson met de l'ordre dans les rangs démocrates et oppose le 10 juillet 1832 son veto à la décision du Congrès de renouveler la charte. En outre, il transforme le bras de fer engagé par la Banque nationale en argu-ment de campagne : contre les oligarques de cette institution, il faut voter pour Jackson, seul défenseur des petits épargnants. La manœuvre est habile puisqu'Henry Clay, son adversaire et partisan affirmé de la Banque nationale, ressort laminé du scrutin présidentiel : il n'obtient que 49 voix au Collège électoral contre 219 pour Jackson. Échappant en outre miraculeusement à une tentative d'assassinat le 30 janvier 1835 – les pistolets de son agresseur se sont enrayés – le président semble toujours plus invulnérable. En 1836, il décide finalement de démanteler la Banque nationale, dont les fonds sont répartis entre 23 banques d'État plus petites et, selon les mauvaises langues, davantage sou-mises au bon vouloir présidentiel. Cette décision s'avérera lourde de conséquences économiques et politiques. Pour l'heure, Jackson veut montrer qu'il n'est pas un président à se laisser marcher sur les pieds, un message qui n'est pourtant pas compris par tout le monde.

La chute de la Banque nationale.

LA CRISE DE NULLIFICATION (1832-1833)

Toujours soucieux de limiter l'endettement de l'État fédéral, Andrew Jackson décide, à la fin de son premier mandat, d'augmenter les rentrées financières. Celles-ci proviennent à cette époque de deux sources majeures : les taxes sur le commerce international et la spéculation sur les terres indiennes. Pour ce faire, il accroît le tarif douanier, non seulement dans le but de remplir les caisses de l'État, mais également pour protéger l'industrie américaine naissante de sa redoutable concurrente britannique. Ce tarif sera ensuite régulièrement revu à la hausse par des présidents soucieux de s'attirer les bonnes grâces de l'électorat du Centre et du Nord-Est industrialisés. La mesure irrite cependant le Sud, dont l'économie est fondée sur l'exportation de produits tropicaux (tabac et surtout coton) vers le Royaume-Uni et qui n'a donc aucun intérêt à ce que ce dernier prenne des mesures de rétorsion douanière. Ainsi, en faisant un pas supplémentaire dans sa croisade contre l'endettement, Jackson provoque un soulèvement antifédéral dans le Sud.

L'affaire est d'autant plus désagréable pour Jackson que Calhoun, son vice-président, essaie de le manipuler. Et ce n'est pas la première fois : en 1828, il avait déjà publié un texte antifédéraliste intitulé *South Carolina Exposition and Protest*, pour pousser le futur président à prendre des mesures favorables à l'autonomie des États. Converti à la défense du pouvoir fédéral une fois au pouvoir, Jackson n'a pas écouté Calhoun. Aigri, ce dernier réitère ses propos en 1830, attisant ainsi les polémiques au Congrès entre les représentants et sénateurs du Nord, du Sud et de l'Ouest. Le président ne cède rien et porte, lors d'une réception à laquelle Calhoun est convié, un toast demeuré célèbre : « *Our Union. It must be preserved.* » (« À notre Union. Elle doit être maintenue. ») En 1832, lorsque le vice-président prend publiquement position en faveur des États du Sud, la coupe est pleine et il est contraint de démissionner.

Passé dans l'opposition, Calhoun se fait le chantre du droit des États contre l'augmentation du tarif douanier. Il défend l'idée selon laquelle un État a le droit de s'opposer à une loi du Congrès sans pour autant quitter l'Union et, *de facto*, d'annuler l'application d'une loi fédérale. « Annuler » se disant « *to nullify* » en anglais, l'affrontement opposant l'ancien vice-président et Jackson est bientôt appelé « crise de nullification ». La tension est à son comble quand la Caroline du Sud convoque son assemblée le 24 novembre 1832, annule la hausse du tarif sur son territoire et menace le Congrès de faire sécession s'il va à l'encontre de cette décision.

Ouvertement défié, le président Jackson prend la menace sécessionniste très au sérieux. En janvier 1833, il demande au Congrès une mesure coercitive, un *Force Bill* autorisant le Gouvernement fédéral à faire usage de la force pour collecter les taxes et une mesure persuasive consistant à baisser le tarif douanier en le ramenant à son taux de 1816 – un geste de bonne volonté adressé aux grands cultivateurs du Sud. Ne se contentant pas de cette politique de la carotte et du bâton, il a également adressé, le 10 décembre 1832, une *Proclamation au peuple de Caroline du Sud*. Il y rappelle que la Constitution est démocratique, car ratifiée par les représentants du peuple des États, et que l'annulation des décisions du Congrès, fondées sur cette même Constitution, est source de discordes dans l'Union et donc répréhensible. Pris à revers, les dirigeants de la Caroline du Sud ne mettent pas leurs menaces à exécution. Ainsi, l'État fédéral a pu préserver sa cohésion et réaffirmer son autorité, et la Caroline du Sud a obtenu ce qu'elle désirait par la force, à savoir la baisse du tarif. Notons que cette crise a souvent été interprétée comme une répétition générale de la guerre de Sécession (1861-1865), une vision des choses cependant abusive dans la mesure où, en 1828, un seul État du Sud franchit le pas, et encore, il ne le fait qu'à moitié.

L'EXPULSION DES INDIENS À L'OUEST DU MISSISSIPPI (1833-1838)

Depuis la fin de la guerre de l'Indépendance, la cohabitation entre Américains et Amérindiens est tendue. Et pour cause : de nombreux Amérindiens se sont battus pour la Couronne, qui leur avait promis de préserver leurs terres des colons ; or, lors de la guerre anglo-américaine de 1812, certaines tribus (Creeks, Shawnee, Delaware, etc.) jouent à nouveau la carte britannique, ce qui dégrade encore l'image des Amérindiens dans l'opinion américaine. À cela s'ajoute le sentiment de supériorité des colons à l'égard des Peaux-Rouges, renforcé par les succès de la jeune République.

À la fin de la guerre anglo-américaine, pour atténuer les tensions, le président Madison propose tout simplement aux Indiens d'abandonner leurs traditions et de se sédentariser. Bien que cette proposition soit difficile à accepter, certaines tribus s'y résolvent. C'est le cas des cinq nations (les tribus cherokee, chickasaws, chowctaw, creek et séminole), situées dans le Sud-Est des États-Unis, qui avaient déjà adopté, au tournant du XIXe siècle, le christianisme, l'alphabet latin et les modes d'agriculture européens. Politisées et soucieuses de s'intégrer, elles pensent pouvoir trouver leur place dans la République. Le refus de céder leurs terres leur a néanmoins attiré les foudres des États où elles vivent, notamment la Géorgie. En effet, depuis 1803 et l'acquisition de la Louisiane, la tentation est grande pour les pionniers d'expulser les Amérindiens à l'ouest du Mississippi.

À la veille de l'élection de Jackson, l'évolution des tensions entre ces cinq tribus et les États du Sud reste incertaine. Si le président de la Cour suprême, John Marshall (1755-1835), déboute les plaintes des Cherokees contre la Géorgie avec l'arrêt *Cherokee Nation vs. Georgia*, le président John Quincy Adams interdit quant à lui à cet État d'expulser la tribu. Quand Jackson remporte l'élection de 1828, il sait que la défaite de son rival est notamment due à sa modération sur la question indienne. Pour sa part, fils d'un pionnier, il n'est pas très ouvert sur le sujet. Aiguillé par son désir de réduire la dette publique – rappelons que les bénéfices liés à la spéculation sur les terres indiennes constituent la deuxième source de revenus de l'État fédéral –, le nouveau président se prononce, en 1829, en faveur du transfert des Amérindiens à l'ouest du Mississippi et, en 1830, n'oppose pas son veto à la loi du Congrès autorisant les États à expulser les populations amérindiennes. En 1831, l'expulsion des Choctaws dans des conditions particulièrement difficiles donne naissance à l'expression « la piste des larmes », qui sera reprise, après la présidence de Jackson, pour désigner l'expulsion des Cherokees en 1838. Dernière des cinq nations à être chassée de son territoire, celle-ci perd un quart des siens, morts en route.

En 1834, Andrew Jackson délimite un territoire à l'ouest du Mississippi réservé aux Amérindiens expulsés : l'Oklahoma. Déjà peuplé par d'autres tribus, celui-ci est moins hospitalier que les riches terres de l'Est, sans compter que les crédits alloués par le Congrès pour l'installation des cinq tribus s'avèrent largement insuffisants. Bien qu'il se montre peu favorable aux Amérindiens dans cette affaire, le président estime en réalité agir pour leur bien en les tenant à l'écart des Blancs, afin de préserver leur identité. Aussi désire-t-il avant tout renforcer la sécurité de l'État fédéral. Ironie du sort, l'armée fédérale aura besoin de trois guerres pour venir à bout de la résistance des Séminoles de Floride, qui tiendra jusqu'en 1858.

LA POLITIQUE ÉTRANGÈRE, ENTRE MODÉRATION ET RIGUEUR

Impitoyable avec les Amérindiens, Jackson se montre modéré envers le Royaume-Uni. Les années passant, la complémentarité économique et politique entre les États-Unis et leur ancienne métropole est de plus en plus évidente. Patriote mais pragmatique, le Lion d'Amérique met ainsi fin à un vieux litige commercial : les ports américains s'ouvrent aux bateaux en provenance des ports anglais situés dans les Caraïbes et réciproquement.

Modéré, Jackson l'est aussi envers le Mexique. La tension monte pourtant d'un cran entre les deux pays au sujet du Texas. Cette ancienne province espagnole rattachée au Mexique après son indépendance en 1821 a attiré de nombreux pionniers américains. Devenus majoritaires au Texas, ces derniers réclament au Gouvernement mexicain une autonomie élargie. Le refus qu'ils essuient entraîne leur rébellion. La défense désespérée de Fort-Alamo par les Texans en mars 1836 échauffe les esprits aux États-Unis et une partie de l'opinion demande l'intervention du président Jackson. Celui-ci consent à reconnaître l'indépendance du Texas, proclamée le 2 mars 1836, mais ne fait rien pour hâter son annexion au pays. Finalement, celle-ci ne sera prononcée par le Congrès qu'en mars 1845, trois mois avant le décès d'Andrew Jackson.

Le président se montre paradoxalement beaucoup plus dur avec le grand allié de l'indépendance : la France. Il est vrai que depuis 1783, les relations avec Paris se sont dégradées. La pression navale exercée par la France révolutionnaire sur la flotte de commerce américaine, suspectée de servir les intérêts de Londres, a même conduit à une quasi-guerre entre 1798 et 1800, durant laquelle Napoléon Bonaparte a promis de dédommager les armateurs américains. Devenu empereur, il oublie sa promesse et les Bourbons qui lui succèdent ne se sont guère montrés plus pressés d'honorer cette parole. 20 ans plus tard, les dommages n'étant toujours pas remboursés, Jackson met la pression sur Paris et va même jusqu'à parler de guerre en 1835. Le pacifique roi Louis-Philippe Ier (1773-1850), peu désireux d'affronter le Lion américain, rembourse l'année suivante cinq millions de dollars de dommages. Le président fait ainsi respecter les États-Unis dans la cour des grands. Par ailleurs, le traité de commerce qu'il signe avec le Siam (actuelle Thaïlande) en 1833 constitue le premier traité entre les États-Unis et un État asiatique.

S'étant assuré de sa succession au sein du Parti démocrate et ayant œuvré à l'élection de son ami Martin Van Buren (1782-1862) à la présidence du pays fin 1836, Andrew Jackson se retire à l'Hermitage, d'où il conseille à l'occasion la Maison-Blanche et continue ainsi d'exercer une grande influence sur la politique américaine. Vraisemblablement mort d'une attaque cardiaque en 1845 à l'âge de 78 ans, il est enterré dans son jardin, aux côtés de son épouse décédée quant à elle en 1828.

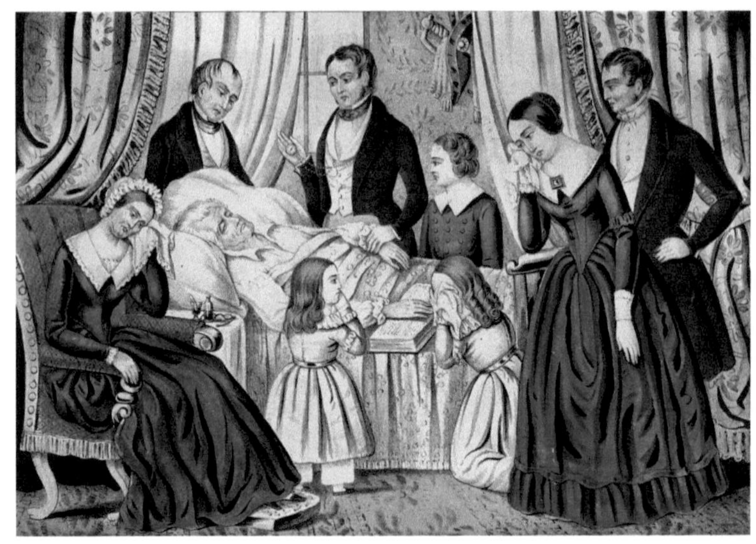

Décès du président Jackson.

RÉPERCUSSIONS

À la fois adoré et détesté de son vivant, Andrew Jackson laisse de sa présidence un souvenir contrasté. Sa détermination dans la direction des affaires de l'État, son patriotisme à toute épreuve et son souci du petit peuple font de lui un prophète politique. Il annonce le poids de l'Ouest dans l'Union, l'émergence d'une puissante diplomatie américaine sur la scène internationale et la démocratisation de la vie politique.

LA CIBLE DE NOMBREUX REPROCHES

Dès la fin de son mandat, sa mémoire est écornée par des opposants qui lui reprochent son caractère sanguin et le clientélisme dont il aurait fait preuve dans la nomination des fonctionnaires fédéraux. Sa vindicte dans l'affaire de la Banque nationale est également pointée du doigt et les conséquences économiques de la suppression de cette institution portent sans aucun doute un grand coup à son image : la délégation du contrôle de l'émission des dollars papier aux 23 banques choisies par Jackson stimule l'inflation et fragilise les États-Unis au moment même où une sévère crise économique arrive d'Europe. L'autoritarisme du *King Andrew*, ainsi surnommé par ses adversaires, a poussé les mécontents à se regrouper et a, par conséquent, précipité la refondation du Parti national-républicain. Les effets économiques de la suppression de la Banque nationale et les effets politiques de la renaissance du Parti national-républicain sont une véritable bombe à retardement laissée au démocrate Martin Van Buren, sévèrement battu par les Whigs à l'élection de 1840, lorsqu'il se présente pour un second mandat. Peu avant la mort d'Andrew Jackson, une première ombre est ainsi portée à l'héritage qu'il a laissé.

À plus long terme, les conséquences de la suppression de la Banque nationale achèvent de noircir la réputation de l'ancien président. Selon des historiens du début du XXe siècle, sa disparition aurait privé les États-Unis d'une monnaie stable et d'une politique de crédit nationale. Mais l'essentiel des reproches adressés à Jackson au XXe siècle sont d'un autre ordre et autrement plus agressif. Des historiens contestataires et les leaders des minorités ethniques dénoncent la funeste expulsion des Amérindiens à l'Ouest du Mississippi, son silence sur la question de l'esclavage – Jackson a d'ailleurs lui-même acheté des esclaves en 1824 – ainsi que, plus généralement, le symbole qu'il constitue *a posteriori* du pouvoir WASP (*White Anglo-Saxon Protestant*) dans l'Union.

UN HÉRITAGE MALGRÉ TOUT INCONTOURNABLE

Comment expliquer alors que ce président n'ait disparu ni du panthéon présidentiel américain ni des billets de 20 dollars ? Tout d'abord parce qu'Andrew Jackson a considérablement renforcé les pouvoirs liés à la fonction présidentielle. Alors que les présidents précédents, s'en tenant scrupuleusement à leur rôle d'arbitre entre les différentes factions du Gouvernement, n'utilisaient leur droit de veto que pour protéger la Constitution de 1787 de toute action antidémocratique du Congrès, Jackson utilise, au cours de ses deux mandats, son droit plus de fois que tous ses prédécesseurs réunis. Il contre toute décision du Congrès qu'il juge néfaste pour la liberté du citoyen, telle que notamment la reconduction de la charte de la Banque nationale en 1832. Il transforme ainsi considérablement le rôle du président : d'arbitre, il devient acteur des débats politiques.

Avec ses décisions polémiques, Andrew Jackson renforce par ailleurs le bipartisme. Il regroupe en effet contre lui des partisans de la Banque nationale ou, lors de la crise de la nullification, des défenseurs des droits des États au sein du Parti national-républicain. Cette affirmation du bipartisme lui a cependant été reprochée, car elle aurait conduit au clientélisme électoral, au *Spoil System*. Reproche partial, car cette pratique consistant à remplacer des fonctionnaires compétents par des partisans existait avant Jackson ; il ne fait donc que la renforcer. En outre, le bipartisme, en forçant démocrates et nationaux-républicains à chercher les faveurs de l'électorat populaire, renforce les droits des petits électeurs face à l'appareil étatique. C'est ce qui explique que le bipartisme ait suscité l'admiration des observateurs européens.

JACKSON, L'INCARNATION
DE LA DÉMOCRATIE EN MARCHE

Homme du peuple devenu président, si le général Jackson n'a pas théorisé sa pensée politique, il l'a rendue évidente par ses actes. En multipliant par sept le nombre d'emplois publics ouverts aux petits citoyens, il a souhaité arracher la politique et la carrière administrative aux quelques descendants aisés des leaders de l'indépendance. Ce souci de démocratisation se répercute au sein des partis : plutôt qu'être cooptés à huis clos, leurs candidats et dirigeants locaux sont élus au cours de conventions généralisées dans tous les États. En 1831, cette désignation est pratiquée pour la première fois pour l'élection présidentielle par le Parti franc-maçon. Devenus de véritables machines de guerre électorales, les partis prennent en main leurs électeurs avec journaux, chansons, retraites aux flambeaux ou encore pique-niques électoraux, bientôt caractéristiques de la vie politique américaine. Ces véritables rites démocratiques s'ancrent à ce point dans les mentalités que l'on assiste, sous le premier mandat de Jackson, à une éclosion de micropartis à l'échelle locale. Son triomphe électoral en 1832 témoigne de ce grand bond en avant de la démocratie.

En tous points, Jackson a incarné des principes hérités de son milieu : souci du petit peuple, limitation des abus du Gouvernement fédéral sur les États et les individus, défense intraitable de l'Union et refus obstiné de laisser une minorité de politiciens et de financiers accaparer l'État à leur seul profit. Décrié pour son autoritarisme, il a pourtant su rassembler les Américains en temps de crise – lors de la nullification –, avec autant de succès que lorsqu'il a mené sa troupe hétéroclite devant la Nouvelle-Orléans. Entêté sans être obtus, populiste mais non démagogue, chauvin ayant résisté aux sirènes de l'impérialisme, Andrew Jackson a finalement incarné avec brio les aspirations profondes des jeunes États-Unis : la démocratie à l'intérieur et le respect à l'extérieur, à chaque fois dans la paix. N'en déplaise à Tocqueville, il était bien à sa place.

EN RÉSUMÉ

15 mars 1767	Naissance d'Andrew Jackson
1775-1783	Guerre de l'Indépendance américaine
3 sept. 1783	Indépendance des États-Unis
19 déc. 1795	Andrew Jackson est élu député de l'Assemblée constituante du Tennessee
Juin 1796	Andrew Jackson est élu représentant du Tennessee au Congrès
1797	Andrew Jackson est élu au Sénat
1798-1805	Andrew Jackson est juge à la Cour suprême du Tennessee
1803	Andrew Jackson est nommé major général
1812-1815	Seconde guerre de l'Indépendance
8 janv. 1815	Andrew Jackson remporte la victoire durant la bataille de la Nouvelle-Orléans
3 déc. 1828	Andrew Jackson est élu président des États-Unis
1830	Andrew Jackson ne s'oppose pas à l'expulsion des Indiens à l'ouest du Mississippi
5 déc. 1832	Andrew Jackson est réélu à la tête des États-Unis
1832-1833	Crise de nullification
1835	Andrew Jackson rembourse la dette de l'État
1836	Andrew Jackson fait démanteler la Banque nationale
2 mars 1836	Andrew Jackson reconnaît l'indépendance du Texas
1837	Fin du mandat présidentiel d'Andrew Jackson
8 juin 1845	Décès d'Andrew Jackson

- Devenu un héros national suite à son rôle clé dans la guerre anglo-américaine de 1812, Andrew Jackson apparaît comme un candidat idéal pour l'élection présidentielle. Il est ainsi élu triomphalement septième président des États-Unis en 1828.

- Opposant farouche à l'endettement public, il s'attelle, dès les premières années de son mandat présidentiel, à rembourser la dette américaine, un objectif qu'il atteindra en 1835. Pour ce faire, il augmente le tarif douanier, une mesure qui irrite le Sud, dont l'économie est fondée sur l'exportation. Une importante crise s'ensuit et, à la fin de l'année 1832, la Caroline du Sud menace même de faire sécession. Finalement, Jackson parvient à préserver la cohésion de l'État fédéral.

- Il engage par ailleurs, à la fin de son premier mandat, un véritable bras de fer avec la Banque nationale et en fait même un argument de campagne, se présentant comme le défenseur des petits épargnants, ce qui lui permet d'être réélu en 1832. Finalement, il décide, en 1836, de démanteler la toute-puissante institution, une décision qui s'avérera lourde de conséquences et qui lui sera souvent reprochée par la suite.

- Porté au pouvoir par une participation croissante des citoyens aux scrutins, il les implique davantage dans la vie politique en leur ouvrant les emplois publics. Il arrache ainsi la politique et la carrière administrative aux quelques descendants aisés des leaders de l'indépendance.

- Soutenu par les fondateurs du Parti démocrate, auquel il appartient, il rassemble contre lui ceux du Parti national-républicain et contribue, de ce fait, à la renaissance du bipartisme aux États-Unis. En forçant démocrates et nationaux-républicains à chercher les faveurs de l'électorat populaire, ce système à deux partis renforce les droits des petits électeurs face à l'appareil d'État.

- Enfin, hostile aux Amérindiens, Andrew Jackson ne s'oppose pas à l'expulsion des cinq nations des États du Sud, mettant ainsi fin à leur tentative d'intégration dans la démocratie américaine. En outre, propriétaire d'esclaves avant son élection, il ne prend pas parti dans l'opposition croissante entre esclavagistes et abolitionnistes, de peur de fragiliser l'Union.

Votre avis nous intéresse !

*Laissez un commentaire sur le site de votre librairie en ligne
et partagez vos coups de cœur sur les réseaux sociaux !*

POUR ALLER PLUS LOIN

SOURCES BIBLIOGRAPHIQUES

- BUEL (Richard Jr.), « Andrew Jackson », in *Historical Dictionnary of the Early American Republic*, Oxford, ScarecrowPress, 2006, p. 143-145.
- DESBIENS (Albert), *Histoire des États-Unis des origines à nos jours*, Paris, Nouveaux Mondes, 2012.
- LACROIX (Jean-Michel), *Histoire des États-Unis*, Paris, PUF, 2010.
- PARTON (James), *The Presidency of Andrew Jackson*, New York, Harper & Row, 1967.
- PORTES (Jacques), *Les États-Unis. De l'indépendance à la Première Guerre mondiale*, Paris, Armand Colin, 1991.
- REMINI (Robert V.), « Andrew Jackson », in *American National Biography Online*, Oxford, Oxford University Press, 2000, consulté le 30 octobre 2015.
  http://www.anb.org/
- SCHLESINGER (Arthur M. Jr), *The Age of Jackson*, Boston, Little, Brown and Company, 1945.
- SERME (Jean-Marc), *Andrew Jackson : l'homme privé. Émotions et sentiments d'un homme de l'Ouest 1767-1845*, Paris, L'Harmattan, 2012.
- TOCQUEVILLE (Alexis de), *De la démocratie en Amérique*, Paris, Michel Lévy frères, 1864.
- VINCENT (Bernard), *Histoire des États-Unis*, Paris, Flammarion, coll. « Champs Histoire », 2012.

SOURCES ICONOGRAPHIQUES

- Lithographie représentant Andrew Jackson qui reçoit des coups d'épée portés par un officier britannique. La photo reproduite est réputée libre de droits.
- Tableau représentant Andrew Jackson à la tête de troupes durant la bataille de la Nouvelle-Orléans. La photo reproduite est réputée libre de droits.
- L'investiture d'Andrew Jackson, tableau d'Allyn Cox, 1829. La photo reproduite est réputée libre de droits.
- *La Bataille de la Nouvelle-Orléans*, tableau d'Edward Percy Moran, 1910. La photo reproduite est réputée libre de droits.
- La chute de la Banque nationale. La photo reproduite est réputée libre de droits.
- Décès du président Jackson. La photo reproduite est réputée libre de droits.

www.50minutes.com

Éditeur responsable : Lemaitre Publishing
Avenue de la Couronne 382 | BE-1050 Bruxelles
info@lemaitre-editions.com

ISBN ebook : 978-2-8062-6702-3
ISBN papier : 978-2-8062-6703-0
Dépôt légal : D/2015/12603/305
Photo de couverture : © National Archives and Records Administration.

Conception numérique : Primento,
le partenaire numérique des éditeurs